Günter Peham

REGIEren statt reaGIEREn

und gemeinsam in Freiheit

WERTE VOLL LEBEN

Die Deutsche Nationalbibliothek verzeichnet diese Publikation in der Deutschen Nationalbibliografie; detaillierte bibliografische Daten sind im Internet über dnb.d-nb.de abrufbar.

© Februar 2010 – Günter Peham

Umschlaggestaltung: Wolfgang Enseleit

Herstellung und Verlag: Books on Demand GmbH, Norderstedt

Printed in Germany

Dieses Buch wurde im On-Demand-Verfahren hergestellt

ISBN 978-3-8391-6472-3

Inhalt:

1. Einleitung

Ich gehe davon aus, dass Sie als Leser zu den Gleichgesinnten gehören und daher erlaube ich mir, in diesem Buch das vertraute Du anzuwenden.

Aus aktuellem Anlass habe ich einige Informationen aus meiner Sicht niedergeschrieben, die ich Dir in Form dieses Buches weitergeben möchte. Jedoch bevor Du Dich näher mit den Inhalten befasst, möchte ich noch festhalten, dass ich Gott sehr dankbar bin, dass ich genau in der Zeit leben darf, wo die größte Veränderung stattfindet, die die Menschheitsgeschichte seit langem oder überhaupt erlebt hat.

Wir gehen in sehr herausfordernde Zeiten, aber auch in Zeiten mit noch nie dagewesenen Chancen und Möglichkeiten. Eine wichtige Voraussetzung, die erforderlich ist, um aus dieser Zeit als Sieger hervorzugehen, ist eine hohe Bereitschaft für Veränderung. Wer bereit ist, alles Bisherige in Frage zu stellen und total neu zu denken, hat die besten Chancen, diese Zeit für sich und seine Zukunft positiv zu nutzen. Verändern was verändert werden muss und Werte behalten, die es wert sind, sie zu behalten und die Gabe, das eine vom anderen zu unterscheiden.

Die Zukunft wird aus meiner Sicht eine Kombination der alten Grundwerte, die es seit Bestehen der Menschheit gibt und sich nie verändert haben und einem ganz neuen Denken in Bezug auf die aktuelle Situation. Daraus werden sich neue Formen des Zusammenlebens gestalten.

Viele meiner Erkenntnisse habe ich der Bibel entnommen. Daher werde ich in diesem Buch immer wieder daraus zitieren.

Ohne Vision

und

Orientierung

verkümmert die

Gesellschaft

(Frei nach Sprüche 21, 18)

2. Die jetzige Situation

Berichte über die aktuelle Wirtschafts- und Finanzkrise scheinen kein Ende zu nehmen. Dies wird aus meiner Sicht auch noch einige Jahre andauern und ein ständiges Auf und Ab sein. Permanent wird Zukunftsangst geschürt und von den vielen Auswirkungen auf Banken, Konzerne, Arbeitsmarkt, politische Strukturen und auf das Einkommen des einzelnen berichtet.

Die Menschen reagieren sehr unterschiedlich auf die aktuelle Situation. Die einen versuchen, die Umstände zu verdrängen und hoffen, dass sich alles nach kurzen Turbulenzen wieder beruhigt und dass es mit der Wirtschaft wieder aufwärts geht, andere versuchen noch zu retten, was zu retten ist. Insgeheim hoffen die meisten, dass unsere politischen Führer eine Lösung hervorzaubern und dadurch irgendwie den Umschwung herbeiführen werden. Aus meiner Sicht wird das mit Sicherheit nicht der Fall sein. Die Politik hat die Misere nicht alleine verursacht und wird sie auch alleine nicht lösen können. Die Probleme sitzen viel tiefer, denn die Ursache sind wir alle zusammen. Es gibt in der Bibel einen einfachen Ausspruch dafür: „Habgier ist die Wurzel allen Übels!" Das, was wir über Jahrzehnte gesät haben, werden wir nun ernten. Das Gesetz von Saat & Ernte ist ein unumstößliches Schöpfungsprinzip, das niemand, auch nicht der mächtigste Mann der Welt, außer Kraft setzen kann.

Leider reagiert die Masse aus Angst in dieser Situation komplett falsch. Sie tun genau das, was diese Krise in Wahrheit ausgelöst hat, noch viel intensiver. Sie raffen noch alles an sich, um ja ihr Hab und Gut nicht zu verlieren. Die Habgier hat sich auf Grund der Zukunftsängste noch erheblich verstärkt und das wird auch die Probleme verstärken, Saat & Ernte! Habgier hat nichts mit der Menge an Geld und Gütern zu tun, die jemand besitzt. Habgier ist eine Denke, die aus dem Bewusstsein bzw. aus unserem Geist kommt und wenn ich zurückblicke, hatte auch ich diese Haltung leider viel zu oft. Ängste, gesellschaftliche Zwänge, Begierden usw. haben in uns allen immer wieder das „Haben wollen" ausgelöst. Wir lassen uns viel zu sehr von den Umständen regieren. Weil die Masse die Habgier verstärkt, werden sich auch die Herausforderungen der Zukunft verstärken und unsere Vorstellungskraft bei weitem übertreffen. Mittlerweile geben auch bereits viele Experten zu, dass die Wahrscheinlichkeit sehr groß ist, dass die Folgen aus der Finanzkrise viel schlimmer werden, als ursprünglich zugegeben wurde.

Der Menschheit mangelt es an Orientierung und daher an Visionen. Es gibt vorrangig nur ein Streben und das ist der eigene Wohlstand. Wir haben vergessen, dass langfristig nur ein gemeinsamer Wohlstand möglich ist. Wir brauchen wieder eine Orientierung in Richtung Allgemeinwohl. Eine Vision, die unser Umfeld mit einbezieht. Eine Vision, die die Individualität und den

Erfolg des Einzelnen fördert und alles tut, dass es auch den Mitmenschen und unserem Umfeld gut geht. Die Menschheit als Organismus, wo sich der Einzelne so richtig entfalten kann und seinen Platz in diesem harmonischem Ganzen einnimmt. Das wäre doch eine tolle Vision für unsere gemeinsame Zukunft!

Wenn der Mensch seine Werte wie Gaben und Talente erkennt, zeigen ihm diese einen Weg, der Orientierung gibt. Daraus beginnen wir eine Vision für unser Leben zu entwickeln. Dazu mehr im Kapitel „In Deiner Vision liegt Deine Bestimmung!"

Die Menschen werden sich vom Individualbewusstsein der letzten Jahre hin zu einem Kollektivbewusstsein entwickeln.

Ein Schiff das seinen Hafen nicht kennt, dem ist kein Wind ein günstiger!

(chinesisches Sprichwort)

3. Das System

Wir alle sind das „System" und haben bewusst oder unbewusst unseren Beitrag dazu geleistet, dass es sich so entwickeln konnte, wie es sich entwickelt hat. Wir haben alle mehr oder weniger die Früchte aus diesem System genossen und oft vergessen zu hinterfragen, welche Langzeitfolgen daraus entstehen können. Jedoch wird ein System, das auf Schulden aufgebaut ist, immer irgendwann kippen. Das ist nur eine Frage der Zeit.

Ein System, das wider die Schöpfungsprinzipien aufgebaut ist, ist immer von begrenzter Dauer. So hätten wir auch erkennen müssen, dass auch der Kapitalismus nur von kurzer Dauer ist. Wir haben uns mit der Ausrede zufrieden gegeben, dass wir sowieso nichts ändern können und sind den bequemeren Weg gegangen. Denn alles andere hätte bedeutet Sozial- und Eigenverantwortung übernehmen zu müssen.

Alles was zurzeit passiert hat System und ist nicht „zufällig" entstanden. Das was wir als Wirtschafts- und Finanzkrise erkennen und scheinbar wie ein Unwetter über uns hereingebrochen ist, ist teilweise unbewusst und vielleicht auch teilweise bewusst herbeigeführt worden. Ich bin davon überzeugt, dass der Großteil in positiver Absicht gehandelt hat, es aber einfach nicht besser wusste. Die falsche Denkweise von uns allen hat dazu geführt, dass sich dieses System über Jahrzehnte entwickeln konnte. Es war ja auch sehr bequem, denn ohne großartig Verantwortung übernehmen zu müssen, ist der Wohlstand ständig gestiegen. Bereitwillig geben wir immer wieder die Verantwortung ab. Dadurch ist es auch immer wieder möglich, dass Einzelne das System für ihre egoistischen Machtansprüche missbrauchen können und uns in einer scheinbaren Sicherheit wiegen. Wie sagte schon der römische Dichter Juvenal, als das Volk alle Macht den Feldherren verliehen hatte: „Panem et circenses" was soviel heißt wie „Gib dem Volk Brot und (Zirkus)Spiele."

Die Menschen in den wichtigen Führungspositionen haben immer soviel Macht, wie ihnen die Masse gibt. Nicht mehr und nicht weniger. Man hat immer die Regierung gewählt, die scheinbar das meiste für unser finanzielles und soziales Wohl getan hat, ohne wirklich zu berücksichtigen, was hinter den Kulissen vor sich geht. Hauptsache mir geht es gut! Daher hat auch die Politik die Entscheidungen immer danach getroffen, was ihr unsere Wählerstimmen und die Gunst der tatsächlichen Machthaber sicherte und nicht, was für unsere Zukunft am besten gewesen wäre. Dies führte auch dazu, dass immer weniger fähige Köpfe in den Regierungen zu finden waren, denn die wirklich wichtigen Korrekturen hätten sie sowieso nicht durchsetzen können, weil es das Volk nicht zugelassen hätte. Es wird Zeit, dass wir erkennen, dass es an jedem Einzelnen von uns liegt und dass wir selbst für unser Leben die volle Verantwortung haben.

Viele der bestehenden Strukturen und Machtgebilde werden erneuert werden, denn Gott hat einen Plan, den er durch Menschen ausführt. Dazu ist erforderlich, dass dies immer mehr erkennen und die Bereitschaft entwickeln, diesbezüglich wirklich Verantwortung zu übernehmen. Viel zu viele Menschen sehen sich in der Opferrolle und dem System ausgeliefert. Dies ist die größte Systemlüge, dass wir nichts verändern können und scheinbar dem System ausgeliefert sind. Hier braucht es ein wirkliches Umdenken und ein neues Bewusstsein in allen Bereichen der Gesellschaft. Es wird Zeit, dass wir uns der Verantwortung stellen.

Eine Erneuerung
unseres Denkens,
Sprechens und Handelns
bildet die Basis
für ein neues
Bewusstsein.

4. Neues Denken für eine bessere Zukunft!

Es mag verrückt klingen, aber ich bin sehr froh über die momentanen Entwicklungen. Wir werden dadurch eine noch nie dagewesene Veränderung erleben. Dieser einschneidende Wandel birgt eine gigantische Chance in sich. Die Bereitschaft, alles Bestehende in Frage zu stellen und alles neu zu überdenken, steigt rapide. Immer mehr Menschen erkennen, dass eine Veränderung nicht genügen wird. Wir brauchen dringend eine Erneuerung.

Eine Erneuerung unseres Denkens, Sprechens und Handelns bildet die Basis für alle weiteren Bereiche. Nur eine neue Saat wird eine neue Ernte hervorbringen. Es braucht die Bereitschaft vieler Menschen, sich diesen Herausforderungen zu stellen. Es werden in vielen Bereichen von Wirtschaft und Gesellschaft neue Strukturen erforderlich sein, weil die bestehenden zu einem sehr hohen Maß in der Zukunft nicht mehr funktionieren werden. Die kommenden Herausforderungen sind der beste Nährboden für neue Ideen, überdurchschnittliche Kreativität und ein neues WERTE bewusst SEIN.

Menschen mit einer klaren Vision, mit Führungsqualitäten und einem großen Herz für die Menschheit und die Schöpfung werden in Zukunft sehr gefragt sein.

Bereits jetzt erkennen wir, dass immer mehr Menschen die Dinge wieder hinterfragen, nach dem Sinn des Lebens suchen und viel bewusster durchs Leben gehen. Daraus werden sich ganz neue Lebenskonzepte entwickeln und unser Zusammenleben wird sich neu gestalten.

Was habe ich für mich erkannt?

_____

_____

_____

_____

Was werde ich auf Grund dessen ändern?

_____

_____

_____

_____

Wenn Du etwas
verändern möchtest,
musst Du zuerst die
Veränderung sein!

(Mahatma Ghandi)

5. Alles beginnt bei mir selbst

Viele Menschen möchten zwar, dass sich die Umstände im Leben verbessern, aber sie sind nicht bereit, sich selbst zu verändern. Somit ist es unmöglich, diesem Menschen zu helfen, denn die Umstände werden sich nur in dem Ausmaß verbessern, wie wir selbst bereit sind, uns zu verändern. Die Umstände haben wir ja selbst produziert mit unserem Denken, Sprechen und Handeln.

Wir Menschen haben die Angewohnheit, dass wir die Schuld immer gerne auf andere verteilen. „Alle sind schuld an der Misere, nur ich bin der einzige, der nichts dafür kann." So wie wir die Verantwortung für unser Leben zum Teil an andere delegiert haben und damit zuließen, dass sie unser Leben bzw. unser Umfeld gestaltet haben, so möchten wir natürlich auch die negativen Auswirkungen gerne auf andere schieben. Solange wir das tun, haben wir daraus nichts gelernt. Erst wenn wir erkennen, dass wir alle Mitverursacher waren, beginnen wir auch bei uns selbst etwas zu verändern. Selbsterkenntnis ist der beste Weg zur Besserung. Die Veränderung beginnt immer bei mir selbst.

Wir brauchen nicht gleich das gesamte System verändern. Es braucht eigentlich jeder nur bei sich selbst beginnen und das schöne daran ist, dies kann uns niemand verbieten. Wenn jeder beginnt vor seiner Türe zu kehren und andere motiviert und inspiriert, dasselbe zu tun, dann werden wir staunen, wie schnell eine solche Veränderung voranschreiten kann. Schon Ghandi sagte: „Wenn Du etwas verändern möchtest, musst Du zuerst die Veränderung sein!"

In dem Ausmaß, indem es uns gelingt, uns selbst zu verändern, werden wir eine tatsächliche nachhaltige Veränderung unseres Umfeldes erleben. Solange wir nur versuchen, an den Symptomen zu kurieren, beziehungsweise die Auswüchse unseres Verhaltens bekämpfen, werden diese immer wieder kommen. Es wird Zeit, dass wir das wahre Problem erkennen und bei der Wurzel packen.

Was habe ich für mich erkannt?

_____

_____

_____

_____

Was werde ich auf Grund dessen ändern?

_____

_____

_____

_____

Eigenverantwortung und Freiheit sind wie siamesische Zwillinge, wir können sie nicht voneinander trennen!

In dem Ausmaß, indem wir bereit sind, Eigenverantwortung zu übernehmen, werden wir Freiheit erleben.

(Günter Peham)

6. Regiert mich das Leben oder regiere ich mein Leben?

…..ist die entscheidende Frage. Solange wir der Meinung sind, dass diese Misere ausschließlich die großen Finanzmanager, Politiker und sonstigen Machthaber dieser Welt verursacht haben, regiert UNS das Leben. Dadurch sagen wir automatisch, dass wir selbst keinen Einfluss haben und nichts tun können. Wir lassen uns von den Umständen beherrschen. Wie immer, delegieren wir die Verantwortung an die anderen und fühlen uns ausgeliefert. Mit jedem Prozent der Verantwortung, die wir an andere delegieren, delegieren wir einen Teil unseres Lebens und begeben uns im selben Ausmaß in eine Abhängigkeit.

Freiheit kann man nicht trennen von der EIGENVERANTWORTUNG. In dem Ausmaß, in dem wir bereit sind Verantwortung zu übernehmen, erleben wir auch Freiheit. Gott hat jedem Menschen den freien Willen gegeben, um sich täglich neu entscheiden zu können. Er hat uns Fähigkeiten und Talente gegeben, über die wir selbst bestimmen können. Wir können selbst entscheiden, ob wir daraus etwas Sinnvolles machen. Er gibt jedem von uns jeden Tag 24 Stunden. Wir entscheiden, was wir mit der Zeit tun und wohin wir sie investieren. Zeit ist das wichtigste Investmentgut. Würden die Menschen der Zeit zumindest soviel Aufmerksamkeit wie dem Geld geben, würden sie viel verantwortungsvoller damit umgehen.

Ich habe gelernt, dass ich für mein Leben zur Gänze die Verantwortung trage und sie auch tragen will. Ich will mein Leben selbst leben und nicht gelebt werden. Je mehr mir das gelingt, umso freier fühle ich mich. Darin sehe ich die einzige Möglichkeit, im eigenen Leben zu regieren. Eigenverantwortung ist aus meiner Sicht einer der wichtigsten Schlüssel für die Lösung der Probleme der heutigen Zeit. Eigenverantwortung macht uns fähig, in unserem Leben zu regieren und in dem Ausmaß, indem wir regieren, werden wir Freiheit erleben.

Sich entsprechend der Umstände und Probleme zu verhalten, heißt reagieren. Handeln und Lösungen entwickeln, heißt regieren.

Wer regiert gestaltet sein Leben bewusst! Regieren ist der ureigenste Auftrag, den Gott den Menschen schon am Anfang der Schöpfungsgeschichte gegeben hat: „Seid fruchtbar und vermehret Euch und bevölkert die Erde. Herrsche über die Vögel des Himmels und die Fische im Wasser…!"

Wir sollen über die Schöpfung in Liebe regieren, war der Auftrag. Aber nicht einer über den anderen, sondern in unserem eigenen Verantwortungsbereich.

Was habe ich für mich erkannt?

_____

_____

_____

_____

Was werde ich auf Grund dessen ändern?

_____

_____

_____

_____

**Die Liebe ist
die Mutter aller
WERTE.**

**Alles was nicht
der Liebe entspringt
hat eigentlich keinen
WERT.**

(Günter Peham)

7. Die Menschheit als Organismus!

Ich vergleiche die Menschheit immer gerne mit einem Organismus. Wenn wir nun unseren eigenen Organismus „Körper" betrachten, funktioniert dieser nur dann einwandfrei, wenn jede Zelle ihren Platz einnimmt und sich seiner Aufgabe bewusst ist. Eine Zelle, die ihre Aufgabe nicht erfüllt und sich dupliziert, kann den gesamten Körper zerstören. Vor allem wenn die Abwehrkräfte bzw. die Gesundheitspolizei unseres Körpers nicht stark genug sind. Dies ist wiederum davon abhängig, wie gut wir unseren Organismus mit den nötigen Vitalstoffen versorgen.

WERTE sind die Gesundheitspolizei vom Organismus „Menschheit". Die richtige Information bzw. Nahrung für unser Bewusstsein und unseren Geist sind die Vitalstoffe, die dafür sorgen, dass die Gesundheitspolizei stark genug ist, mit den Zellen, die aus der Reihe fallen, in der richtigen Weise umzugehen. Zellen die über einen längeren Zeitraum mit den richtigen Vitalstoffen ernährt werden, gesunden in den meisten Fällen.

Die Basis aller WERTE ist die Liebe. Alles was nicht der Liebe entspringt hat eigentlich keinen WERT. Wirkliche Liebe ist ganz einfach beschrieben „Liebe den Herrn, Deinen Gott über Alles und Deinen Nächsten wie Dich selbst!"

Hier sind aus meiner Sicht zwei Punkte sehr wichtig. Zum einen glaube ich fest daran, dass es diese höhere Autorität gibt. Nur wenn wir uns dieser gegenüber auch verantwortlich fühlen, können wir die Verantwortung für uns und die Mitmenschen in der richtigen Weise wahrnehmen. Nur wer bereit ist, eine höhere Autorität anzuerkennen, kann selbst Autorität ausüben ohne autoritär zu werden. Zum anderen können wir andere Menschen nie mehr lieben als uns selbst. Nicht umsonst sagt man zu verbitterten Menschen „Der mag sich ja selbst nicht!" Nur wer sich selbst annehmen kann und sich seiner WERTE bewusst ist, wird andere Menschen wirklich lieben können und ihnen auch mit der gebührenden WERTschätzung begegnen. Ich bin überzeugt, dass der Same dieser göttlichen Liebe in jedem von uns vorhanden ist. Wenn wir uns dafür entscheiden, diesen Samen zu gießen und zu düngen und das Bewusstsein dafür schärfen, wird er auch in unserem Leben wachsen. Dabei spielt die richtige Nahrung bzw. Informationsaufnahme eine sehr wesentliche Rolle.

Was habe ich für mich erkannt?

_____

_____

_____

_____

Was werde ich auf Grund dessen ändern?

_____

_____

_____

_____

Wir brauchen eine

WERTschöpfung,

die uns den

WERT der Schöpfung

nachhaltig sichert.

(Günter Peham)

8. WERTE erkennen und leben!

Die größte Herausforderung sehe ich darin, dafür das entsprechende Bewusstsein zu schaffen. WERTE bewusst SEIN ist das Ziel. Es genügt nicht zu wissen, dass Werte wichtig sind und auf welche Werte es ankommt. Nur wenn wir die Werte sind, können wir sie auch leben und dies ist ein immer während er Prozess.

Im Mittelpunkt steht der WERT des Menschen, mein eigener und der der anderen. Jeder Mensch ist wertvoll, weil er ist und nicht weil er eine besondere Leistung erbracht hat oder viel besitzt. Welchen Wert haben für mich die Geschöpfe, die Schöpfung und der Schöpfer? Welchen Wert sieht der Mensch in sich unabhängig von allen materiellen Gütern und Positionen? Ich frage oft Menschen, wer bist Du, wenn ich dir all Deinen Besitz, Deine Firma, Dein Auto, Deine berufliche Position usw. wegnehme? Was bleibt übrig? Welchen Wert erkennst Du dann in Dir? Dies sind doch sehr entscheidende Fragen, die unsere Zukunft sehr nachhaltig beeinflussen!

Der Träger von Politik, Wirtschaft und Gesellschaft ist der einzelne Mensch. Sich seiner WERTE bewusst SEIN, darin sehe ich den Lösungsansatz für den einzelnen. Dadurch werden die Potenziale freigesetzt, die NOTwendig sind, um die Not dieser Schöpfung zu wenden.

Die eigenen Werte (Gaben, Talente, Fähigkeiten...) neu zu

35

entdecken, fördert den SelbstWERT. Den Wert der Mitmenschen schätzen, steigert die Wertschätzung füreinander und eine hohe gemeinsame Wertschöpfung ist die automatische Folge.

Eine Wertschöpfung die uns den Wert der Schöpfung nachhaltig sichert.

Was habe ich für mich erkannt?

_____

_____

_____

_____

Was werde ich auf Grund dessen ändern?

_____

_____

_____

_____

Visionsbild:

Die Gesellschaft

als

Lebensorchester

in Harmonie

und

Wohlbefinden!

9. Das harmonische Lebensorchester

Das gesamte Universum wird durch die Schöpfungsprinzipien bzw. geistigen Gesetzmäßigkeiten geregelt. Eine solche Gesetzmäßigkeit ist die „synergetische Potenzierung", wie ich sie gerne nenne. Dieses Schöpfungsprinzip kennen wir auch aus dem Ernährungsbereich. Wenn die Vitalstoffe wie Vitamine, sekundäre Pflanzenstoffe, Enzyme, Spurenelemente usw. in unseren Lebensmitteln einander in der richtigen Weise ergänzen, potenziert sich ihre Wirkung. Die Wissenschaft weiß zwar bis heute nicht warum es so ist, sie weiß nur, dass es so ist. Isoliert haben diese Stoffe meist nur einen Bruchteil, wenn nicht sogar eine gegenteilige Wirkung.

Ein sehr ähnliches Prinzip finden wir in unserem Körper wieder. Auch hier ist es ein Zusammenspiel der einzelnen Zellen bis hin zu den unterschiedlichen Körperteilen und Organen, die die Effizienz ausmachen. Weitergeführt finden wir das gleiche Prinzip im Zusammenwirken von Menschen. Als Einzelperson mit unseren spezifischen Fähigkeiten und Talenten haben wir trotz unserer Einzigartigkeit nur eine sehr eingeschränkte Wirkung. Wenn wir jedoch beginnen zu kooperieren und unsere Synergien aktiv zu leben, beginnt sich unsere Effizienz zu potenzieren. Ich behaupte, dass dies ein Schöpfungsprinzip ist, das sich in jedem Organismus vollzieht. So auch in der Gesellschaft, wenn wir die Menschheit wiederum als Organismus betrachten und jeder von uns so eine "Vitalstoffzelle" ist. Dieses Phänomen finden wir in allen Bereichen ob in der Familie, im Teamsport, in Firmen, in Vereinen, Kommunen, bis hin zu Regionen und Nationen. Es funktioniert überall wo Menschen zusammenwirken. Je stärker das Bewusstsein dafür ist, umso mehr können wir uns dieses Prinzip zunutze machen.

Es sind die Schöpfungsprinzipien, die das Zusammenwirken aller Kräfte im gesamten Universum steuern.

Was habe ich für mich erkannt?

_____

_____

_____

_____

Was werde ich auf Grund dessen ändern?

_____

_____

_____

_____

Wenn unser
Wertebewusstsein
zu einem

„WERTE bewusst SEIN"

wird, entsteht echte
Nachhaltigkeit!

(Günter Peham)

10. Ein neues WERTE bewusst SEIN!

Nur wenn dieses neue WERTE bewusst SEIN in unseren Herzen zur Entfaltung kommt, können wir erwarten, dass sich die Umstände tatsächlich zum Positiven verändern. Nur wenn der Same, den wir auf den Acker unseres Lebens säen, erneuert wird, werden wir eine neue, bessere Ernte erhalten, denn was der Mensch sät, das wird er ernten. Nur dann wird es uns gelingen, die Verantwortung für uns selbst und die soziale Verantwortung für unsere Mitmenschen und unsere Umwelt wirklich wahrnehmen zu können.

Gott sei Dank sehen wir bereits in vielen Bereichen ein steigendes WERTEbewusstsein. Das Thema Gesundheit rückt mehr und mehr in den Mittelpunkt. Zurzeit vollzieht sich ein großer Wandel im ökologischen Landbau und bei den Nahrungsmitteln. Im Umweltbereich findet ein Umdenken statt. Auch die umweltfreundliche Energiegewinnung ist nicht aufzuhalten und vieles mehr könnte noch aufgezählt werden. Jedoch ist dies immer noch ein stückweit „kurieren an den Symptomen" und nicht „das Problem bei der Wurzel packen"! Den Kernansatz sehe ich beim einzelnen Menschen bzw. bei der BILDung. Wir Menschen brauchen eine Korrektur in unserem SelbstBILD. Solange wir unseren WERT aus unserer

Leistung bzw. aus unserem Besitz beziehen, wird sich nicht grundlegend etwas verändern. Wenn wir hier stärker ansetzen, ist alles andere eine Folge.

Wir brauchen ein neues BILD in Bezug auf das Besitzdenken bzw. „haben Wollens". Unser Schöpfer hat uns als Verwalter auf die Erde gesandt, um ein Segen für uns, für alle Geschöpfe und für die Schöpfung zu sein. Jeder ist mit Gaben und Talenten ausgestattet, um seinen spezifischen Beitrag dafür zu erfüllen. Kein Mensch ist zum Selbstzweck auf diese Erde gesandt. Dem einen ist mehr anvertraut, weil er ein guter Verwalter ist und es seinen Gaben und Talenten entspricht und dem anderen weniger. Davon sollten wir aber nicht den WERT des einzelnen ableiten. Dieses ständige „Leistungsdenken" und „haben wollen", um WER oder Was zu sein, fördert die Habgier. Wenn wir uns aber als Verwalter dessen sehen, was uns anvertraut ist und damit verantwortungs- und liebevoll umgehen, lösen sich viele Probleme von selbst.

Was habe ich für mich erkannt?

_____

_____

_____

_____

Was werde ich auf Grund dessen ändern?

_____

_____

_____

_____

Hoffnung

bringt Dinge aus

dem Unsichtbaren

ins Sichtbare.

(Klaus Lattner)

11. Hoffnung als Basis für neue Lebenskonzepte und eine neue WERTEkultur!

„Die Hoffnung stirbt zuletzt!" ist eine sehr gängige Ausdrucksweise. Alles in unserem Leben beginnt mit der Hoffnung. Man sagt ja auch: „Diese Frau ist in der Hoffnung!" weil ein neues LEBEN in ihr entstanden ist, das aber noch nicht sichtbar ist. Jede Veränderung, jede Verbesserung, jede Idee, jede Vision beginnt mit der Hoffnung. Hoffnung bringt Dinge aus dem Unsichtbaren ins Sichtbare. Wer hofft, sieht Dinge, die andere nicht sehen können.

„Ich hoffe noch immer, dass sich da noch was ändern wird!..., dass wir es noch schaffen!... dass es noch Realität wird!" Solange wir hoffen, hauchen wir einer Sache Leben ein. Wenn wir die Hoffnung aufgeben, stirbt nicht nur die Hoffung, sondern auch die damit verbundene Sache.

Hoffen heißt an einer Sache dranbleiben und die Zuversicht haben, dass es geschieht. Hoffen ist eine Erwartungshaltung und Dünger für alles, was entstehen oder wachsen soll. Durch Hoffnung entsteht Glaube und Glaube kann bekanntlich Berge versetzen. In der Bibel im

Hebräerbrief 11,1 steht: „Glaube aber ist, feststehen in dem was man ERHOFFT und überzeugt sein von Dingen, die man nicht sieht."

Die Hoffnung entsteht in unserem Denken, Sprechen und Handeln! Die Frage ist, worauf wir uns in unserem Leben konzentrieren. Wir wollen immer Hoffnungsträger sein, die sich für das Gute einsetzen und nicht das Negative bekämpfen.

Wir wollen zu denen gehören, die sich und ihrem Umfeld Zuversicht und Hoffung geben! Wir haben ZuverSICHT und Hoffnung, weil wir eine SICHT für das Gute entwickelt haben.

Was habe ich für mich erkannt?

_____

_____

_____

_____

Was werde ich auf Grund dessen ändern?

_____

_____

_____

_____

Werte

sind das Fundament

jeder Gesellschaft

(Günter Peham)

12. Die neue Wertekultur

Die Werte haben sich nicht verschoben oder verändert, wie manche behaupten. Die Werte gehen immer mehr verloren.

Wenn wir Menschen nach den GRUNDWERTEN fragen, kennt diese eigentlich jeder bzw. erhalten wir sehr deckungsgleiche Antworten, also sind sie in jedem vorhanden. Sogar die unterschiedlichen Religionen sind sich darüber meist einig. Vielfach werden sie leider nicht mehr wirklich gelebt. Ich bin überzeugt, dass wir alle, ohne lange überlegen zu müssen, diese Werte aufzählen können und in den meisten dieser Werte eine hohe Übereinstimmung haben.

Wie bereits beschrieben brauchen wir nicht nur ein neues Wertebewusstsein sondern ein Werte bewusst SEIN! Die Werte wieder zu SEIN und zu leben ist die Herausforderung. Werte sind das Fundament jeder Gesellschaft. Ohne Werte gibt es kein funktionierendes Zusammenleben. Gesetze können die Werte nicht ersetzen.

Es geht darum, gemeinsam eine neue Wertekultur zu schaffen. Ich bin wertvoll weil ich bin!!! Ich brauche nichts dafür tun, außer mein Bewusstsein dafür zu schärfen. Basis dafür ist, seinen eigenen Wert neu zu entdecken und/oder zu entfalten. Es ist wichtig, ein klares Selbstbild zu haben und einen starken

SelbstWERT. Darin steckt auch die Fähigkeit, den Wert unserer Mitmenschen zu schätzen. In jedem steckt bereits das Samenkorn seines vollen Potenzials und seiner wahren Identität.

Solange dieses Samenkorn nur im Speicher liegt, passiert gar nichts. Ab dem Zeitpunkt, wo es in die Erde fällt, also der Mensch seinem „EGO" stirbt und sich seinem göttlichen Auftrag bzw. seiner Berufung hingibt, setzt sich ein Prozess in Gang. Wir beginnen, den uns zugedachten Platz einzunehmen und das fängt ganz einfach mit der Suche nach diesem Platz an. Dadurch beginnen sich unsere Gaben und Potenziale so richtig zu entfalten.

Wenn dann das Samenkorn, unsere wahre Identität, noch mit Feuchtigkeit, mit Inspiration und Geist in Berührung kommt, beginnt der Wachstumsprozess. Diesen sieht vorerst niemand, weil sich alles noch unter der Erde, im Verborgenen abspielt. Mit fortschreitendem Wachstum kann man immer besser erkennen, was das für eine Pflanze wird und welche Früchte, Gaben und Nutzen für die Mitmenschen zu erwarten sind. Sobald diese wohlschmeckenden Früchte sichtbar und reif werden, ist der spezifische Wert des Menschen klar zu erkennen und wir entwickeln große Anziehungskraft.

Diese Anziehungskraft macht uns attraktiv für unser Umfeld und bringt eine hohe Wertschätzung mit sich. Dies macht es für unsere Mitmenschen möglich, eine spezifische WERTschätzung für uns zu entwickeln.

Dann gilt es, diese Werte der gemeinsamen Bestimmung, dem Plan Gottes für die Menschheit, zuzuführen und dadurch lernen wir, wie wir als Einheit funktionieren. So wie die Summe der Zellen in unserem Körper auch nur als Einheit funktionieren. Durch die Synergien, die im harmonischen Zusammenwirken entstehen, potenzieren sich unsere Werte und schaffen eine überdurchschnittlich hohe Wertschöpfung.

Der Mensch ist geschaffen, um in der Gemeinschaft seinen Platz einzunehmen und mit seinen Gaben zu wirken und dadurch ein Segen für sich und andere zu sein. Je mehr wir dafür ein Bewusstsein entwickeln und es auch leben, umso besser wird die Lebensqualität jedes einzelnen. Die erkannten Werte machen das Leben lebenswert!

Die „Neue Wertekultur" besteht darin, dass die Berufenen auf ihren Platz kommen, die Verantwortung dafür wahrnehmen und ihre Bestimmung in einem neuen MITeinander ausleben. Dadurch wird der Plan Gottes für die Menschheit immer mehr Realität und neue Formen des Zusammenlebens werden entstehen.

Die gelebte Liebe und der Plan Gottes für uns Menschen werden immer mehr Realität.

Worauf wir unsere
Energie lenken,
das wird in unserem
Leben wachsen!

(Günter Peham)

13. Die POWER der Konzentration.

Konzentration ist sehr wichtig, damit sich unser spezifischer Wert so richtig entfalten kann. Stellen wir uns zwei Bäume vor. Der linke Baum symbolisiert alle negativen Dinge wie „Gegen Etwas sein!" „Problem", „Angst", „Hindernis", „Hoffnungslosigkeit", „Mangel", „Kritik" oder was immer uns zurzeit im Leben oder in einer Sache zu hindern scheint und der rechte Baum symbolisiert die guten Dinge wie „Für Etwas sein!" „Lösung", „Hoffnung", „Herausforderung", „Zuversicht", „Überfluss", „Lob" usw. Jetzt hängt alles in unserem Leben davon ab, was wir mit den beiden „Bäumen" machen. Jeder Gedanke, jedes gesprochene Wort und jede Handlung, die wir setzen, ist für einen der beiden Bäume Dünger.

Wenn wir nun ständig über das Problem nachdenken und diskutieren und jedem erzählen, welche Hindernisse sich bei uns auftürmen und wie schrecklich das alles ist, gießen und düngen wir automatisch den linken Baum. Wenn wir aber lernen, uns in jeder Situation sofort auf die guten Dinge zu besinnen, werden diese in unserem Leben wachsen. Worauf wir unsere Energie lenken, das wird in unserem Leben wachsen!

Als Mutter Theresa zu einer Aktion "gegen den Krieg"

eingeladen wurde sagte sie, dafür habe ich keine Zeit, aber wenn ihr etwas "für den Frieden" machen wollt, bin ich gerne dabei.

Egal wie aussichtslos es auch scheint, wenn wir die Lösung suchen und wenn wir Hindernisse als Herausforderungen sehen, düngen wir den „rechten" Baum, der ja alle diese positiven Dinge in unserem Leben symbolisiert. Wir fördern dadurch das Wachstum von den BeREICHen, die unser Leben beREICHern.

Jetzt eine Frage, was passiert mit einem Baum, der nicht mehr gegossen und gedüngt wird? Richtig, er stirbt! Was heißt das nun für uns? Wir werden uns auf den rechten Baum und auf die guten Dinge in unserem Leben konzentrieren und der linke Baum bzw. alle diese negativen Sachen werden automatisch immer kleiner und weniger und unser rechter bzw. richtiger Baum, also die positiven Bereiche unseres Lebens, beginnen so richtig zu wachsen und gedeihen. Wichtig ist, dass wir erkennen, dass dies ein Prozess ist, der nicht von heute auf morgen geht. So wie in der Natur braucht es auch hier Zeit für Wachstum. Jeden Tag müssen wir uns daher mehrmals entscheiden, welchen Baum in unserem Leben wir gießen. Dafür sind wir immer selbst verantwortlich und können niemand die Schuld geben.

Eigenverantwortung ist die Basis, das Fundament, auf dem ein erfolgreiches und erfülltes Leben aufgebaut ist. Wenn wir uns auf die GUTEN DINGE unseres Lebens konzentrieren dann werden sie auch wachsen. Denken wir immer daran, jedes Wort ist Dünger.

Was habe ich für mich erkannt?

_____

_____

_____

_____

Was werde ich auf Grund dessen ändern?

_____

_____

_____

_____

Glaube aber ist,
feststehen in dem
was man erhofft
und überzeugt sein
von Dingen,
die man nicht sieht!

(Hebräer 11,1)

14. Glaube als Grundlage für eine nachhaltige Veränderung!

„Glaube versetzt Berge!" diesen Spruch hat jeder von uns schon einmal gehört. Ob dies in unserem Leben auch die gewünschte Wirkung hat, hängt davon ab, ob wir auch glauben, dass dies der Wahrheit entspricht.

Jeder von uns hat so seine „Berge" im Leben, die es zu überwinden gibt. Bei dem einen sind sie etwas größer und bei anderen etwas kleiner. Aber Berg ist Berg. Ob wir diese Herausforderungen meistern oder nicht, hängt nicht von der Größe des „Berges" ab, sondern vom „Überzeugtsein", von unserem Glauben.

Im Markusevangelium Kapitel 11 lesen wir: Wenn jemand zu diesem Berge sagt: „Hebe Dich empor und stürz Dich ins Meer!" und wenn er in seinem Herzen nicht zweifelt, sondern glaubt, dass geschieht was er sagt, dann wird es geschehen. Darum sag ich Euch, „Alles worum ihr betet und bittet – glaubt nur, dass ihr es schon erhalten habt, dann wird es Euch zuteil!"

Betrachten wir das genauer, stellen wir einige sehr wichtige Tatsachen fest: Wir sollen zum Berg (Herausforderung, Problem, Hindernis) sprechen und nicht über ihn diskutieren oder jammern und weiters ist wichtig zu glauben bzw. Gott dafür zu vertrauen, dass das, was wir erbeten bzw. gesprochen haben, auch wirklich eintrifft. Dann gibt es noch den Faktor Zeit, der einzurechnen ist zwischen unserem Sprechen und der Realisierung.

Es gibt viele Beispiele von Menschen, die diesen unerschütterlichen Glauben hatten und daher große Dinge erlebt haben. Sie haben Hindernisse und Herausforderungen überwunden, Krankheiten besiegt oder Herausragendes im Leben erreicht. Sie haben dieses Urvertrauen, das man in der Regel nur bei Kindern findet, diesen Glauben an eine höhere Macht, die die Fähigkeit hat Berge zu versetzen. Diese Macht ist in jedem von uns vorhanden, es geht nur darum sie freizusetzen mit unserem Glauben. Unser Schöpfer hat dieses Urvertrauen in jeden von uns hineingelegt, wie wir an unseren Kindern sehen können. Leider geht dies bei den meisten im Laufe der Zeit verloren.

Entfachen wir dieses Vertrauen, diesen Glauben wieder neu. Wir beginnen mit kleinen Herausforderungen und sprechen uns das Gute. Sag Dir: „Ich schaffe es, diese Herausforderung zu meistern!" „Ich schaffe es, dieses Problem zu lösen!" Danke Gott dafür, dass Dein Problem bereits gelöst ist. Wir sprechen nicht über das Problem, sondern wir beginnen immer die Lösung zu sprechen. Das RICHTIGE zu sprechen ist der erste und wichtigste Schritt, damit der Glaube auch in unserem Leben BERGE versetzt!

Was habe ich für mich erkannt?

_____

_____

_____

_____

Was werde ich auf Grund dessen ändern?

_____

_____

_____

Tod

und

Leben

liegen in der

Macht

der Zunge!

(Sprüche 18,20)

15. Die Macht des gesprochenen Wortes!

Denn wovon das Herz voll ist, davon spricht der Mund.

Der Einfluss, den wir auf unser eigenes Leben haben, ist viel größer, als die meisten wahr haben wollen. Vor allem durch unser Sprechen beeinflussen wir unser Leben sehr wesentlich. In den Sprüchen der Bibel lesen wir: „Von der Frucht seines Mundes wird ein jeder satt, vom Ertrag seiner Lippen wird er gesättigt. Tod und Leben stehen in der Macht der Zunge; wer sie liebevoll gebraucht, genießt ihre Frucht."

Wenn wir das also genauer betrachten, steuern wir unser Leben zu einem sehr hohen Maß durch unser Sprechen. Um unser Leben in den Griff zu bekommen, ist es wichtig dass wir lernen, unser Sprechen besser zu kontrollieren. Jedes Wort, das aus unserem Mund kommt, bewusst oder unbewusst, hat seine Wirkung, positiv oder negativ. Aber wie können wir das in den Griff bekommen? Auch das ist eigentlich wieder viel einfacher, als die meisten es sich vorstellen. Aus uns kommt immer das heraus, was in uns drinnen ist. Der „Input" bestimmt den „Output"! Die wichtigste Frage daher ist: Womit füllen wir uns? Denn gerade wenn wir unter Druck kommen, kommt das aus uns heraus, was drinnen ist. Hier ist wieder entscheidend, wie gut unser innerer

Mensch entwickelt ist und mit welchem Gedankengut wir ihn gefüllt haben.

Es ist nachgewiesen, dass sich die Struktur des Wassers durch sprechen verändert. Das zeigt uns, dass jedes Wort eine Wirkung auf unsere Umgebung hat. Sogar die Welt und das gesamte Universum sind durch sprechen entstanden. Wir sind das einzige Geschöpf, das sich in Form von Sprachen verständigt. Das gibt uns die Möglichkeit, am Schöpfungsprozess teilzuhaben, denn unsere Worte haben schöpferische Kraft. Wir schaffen uns unsere Welt sozusagen mit unserer Zunge.

Es ist wichtig, dass wir uns mit den guten Dingen füllen und uns mit Menschen umgeben, die uns wohlgesinnt sind und positiv Einfluss auf uns haben. Wir sollten bewusster mit unserer Zunge und mit unserem Sprechen umgehen und vor allem das Gute und die Lösungen sprechen.

Was habe ich für mich erkannt?

_____

_____

_____

_____

Was werde ich auf Grund dessen ändern?

_____

_____

_____

_____

Jeder Gedanke,
jedes gesprochene Wort
und jede Handlung,
die wir setzten,
ist ein Samenkorn
auf den Acker unseres
Lebens!

(Günter Peham)

16. Meine eigene Philosophie

Unsere eigene Philosophie ist sehr oft der größte Feind in unserem Leben!

So wie es in der Physik Gesetzmäßigkeiten gibt, so gibt es diese auch im geistigen Bereich. Ich nenne diese gerne Schöpfungsprinzipien. Wenn wir uns von einem Dach stürzten, wird uns das Gesetz der Schwerkraft ereilen, schneller als es uns vielleicht lieb ist, egal ob uns das gefällt oder nicht. Genauso unumstößlich sind die Schöpfungsprinzipien.

Viele kämpfen ein Leben lang gegen die Schöpfungsprinzipien an und stoßen dadurch ständig auf Probleme und verursachen Konflikte und Stress in ihrem eigenen Leben und dem Leben anderer.

Ab dem Moment, wo wir beginnen mit den Schöpfungsprinzipien zu kooperieren, werden sie unser wichtigster Freund. Die Frage ist nicht, ob uns diese Gesetzmäßigkeiten gefallen und ob wir damit einverstanden sind, sondern ob wir bereit sind uns diesen Schöpfungsprinzipien anzupassen.

Eine davon ist das Prinzip von Saat & Ernte. Jeder Gärtner oder Landwirt weiß, dass er immer das ernten wird, was er gesät hat. Dass dieses Schöpfungsprinzip in allen Lebensbereichen Gültigkeit hat, ist uns sehr oft nicht bewusst. Der Volksmund sagt, so wie wir in den Wald hinein schreien, so kommt es wieder zurück! Oder manche nennen es Ursache & Wirkung. Die goldene Regel aus der biblischen Bergpredigt sagt uns: „Was Du willst, dass man Dir tut, das tue Du zuerst anderen!" Letztendlich läuft es immer wieder auf dasselbe hinaus. Wenn uns dann noch bewusst wird, dass jeder Gedanke, jedes gesprochene Wort und jede Handlung, die wir setzten, ein Samenkorn auf dem Acker unseres Lebens ist, sollten wir uns mit diesem Schöpfungsprinzip näher beschäftigen, denn dadurch bestimmen wir, was wir in Zukunft ernten werden.

Im Buch der Bücher, der Bibel, sind alle diese Prinzipien beschrieben. Ich habe im Laufe der Jahre eines gelernt: wenn ich sie befolge, funktioniert mein Leben viel besser.

Wenn wir lernen, wie diese geistigen Gesetzmäßigkeiten bzw. diese Schöpfungsprinzipien funktionieren und beginnen mit ihnen zu kooperieren, werden sie unser Leben radikal zum Positiven verändern.

17. Du musst nicht großartig sein um beginnen zu können, aber Du musst beginnen um großartig werden zu können.

(Karl Pilsl)

Wir sollten nie warten, bis wir alles perfekt können und alle Umstände perfekt sind. Der Moment, wo es nichts mehr zu verbessern gibt, wird sowieso nie eintreten. Denn das Leben ist ständiges Wachstum und ständige Entwicklung.

Fang einfach an Handlungen zu setzen, auch auf die Gefahr hin, dass uns Fehler unterlaufen. Das schlimmste was passieren kann, ist, dass wir etwas dazulernen.

Der größte Fehler, den wir machen können, ist nichts zu tun, weil wir Angst haben zu versagen. Als Kind war uns das alles noch egal. Als wir das Laufen gelernt haben, sind wir immer wieder hingefallen und wieder aufgestanden. Wir waren nie der Meinung, dass wir das sofort großartig machen müssen. Wir hatten nur das Bestreben, es zu lernen.

Je älter wir werden, umso mehr sind wir darauf bedacht, alles richtig zu machen und ja keine Fehler zu machen. Aus dieser Angst heraus werden viele Dinge erst gar nicht in Angriff genommen.

Die Wurzel dafür liegt in unserem Leistungsdenken. Wir sind immer der Meinung, dass unsere Wertigkeit von unserer Leistung abhängt und daher wollen wir alles am liebsten immer sofort perfekt hinkriegen. Dies verhindert aber, dass wir Entscheidungen treffen und es einfach tun.

Sobald wir aber erkannt haben, dass unser WERT aus dem Sein kommt, nimmt das diesen Leistungsdruck von uns. Wir sind WERTVOLL weil wir sind. Gott hat in jeden von uns so viele Talente und Gaben hineingelegt, die es zu entdecken gibt und die unseren wahren WERT darstellen. Diese werden wir nur herausfinden, wenn wir Handlungen setzen, Dinge ausprobieren und uns dadurch weiterentwickeln.

Warte nicht, bis alle Ampeln auf grün sind, bevor Du losfährst, denn sonst wirst Du Dein Ziel nie erreichen.

Sei mutig und beginne aktiv zu werden. Wenn wir beginnen die Dinge zu tun, lernen wir im TUN und entwickeln uns weiter. Jeder Fehler ist eine Chance in der Sache und persönlich zu wachsen. Setze jeden Tag Handlungen und Du wirst Dich zu einem großartigen Spezialisten in Deinem Bereich entwickeln.

Was habe ich für mich erkannt?

_____

_____

_____

_____

Was werde ich auf Grund dessen ändern?

_____

_____

_____

_____

Die goldene Regel:

„Was Du willst, dass man Dir tut, das tue Du zuerst anderen!"

(Math. 7,12)

18. Die GOLDENE Regel:

„Was Du willst, dass man Dir tut, das tue Du zuerst anderen!"

(aus der Bibel Math. 7, 12)

Jeder von uns hat sicher schon oft die Wünsche von Mitmenschen gehört, wie sie gerne behandelt werden möchten, wie sie sich ihren Partner, Mitarbeiter, Vorgesetzen, Kunden usw. vorstellen und welche Erwartungen sie an andere haben.

Eine Frage, die ich dann immer gerne stelle lautet: „Bist Du bereit, Dein Gegenüber so zu behandeln, wie Du es von Ihm erwartest?" Da werden dann so manche etwas kleinlaut.

Wie möchten wir behandelt werden? Wie möchten wir, dass unsere Mitmenschen mit uns umgehen? Dies sind Fragen, die wir uns bewusst stellen sollen. Wir beschäftigen uns mit diesen Dingen meist nur, wenn wir uns schlecht oder falsch behandelt fühlen. Dann wissen wir genau, was die Anderen ändern sollten. Die Frage aber ist, was würden wir für richtig oder angenehm empfinden? Denn genau so sollten wir unsere Mitmenschen behandeln und dann werden auch sie beginnen, Schritt für Schritt uns so zu behandeln und in derselben Art & Weise mit uns umgehen, wie wir das mit ihnen tun.

Stellen wir uns bewusst die Frage, wie wir gerne behandelt werden möchten in den unterschiedlichen Situationen. Schreiben wir es für uns selbst nieder und beginnen wir über einen längeren Zeitraum unsere Mitmenschen genauso zu behandeln. Wir werden über das Echo erstaunt sein.

Ich möchte Dich ermutigen einfach Mal mit mir zu träumen, zu träumen, dass wir uns alle schon beim Aufwachen die Frage stellen „Was kann ich für meine Mitmenschen tun, damit sie sich so richtig wohlfühlen?" Würde das nicht die Lebensqualität von uns allen erheblich verbessern?

Du sagst, das ist unmöglich? Ich behaupte, das ist möglich. Es ist genauso möglich, wie es uns gelungen ist, das Denken der Menschen in Bezug auf Umweltschutz innerhalb einer Generation komplett zu verändern.

Was habe ich für mich erkannt?

_____

_____

_____

_____

Was werde ich auf Grund dessen ändern?

_____

_____

_____

_____

Mit dem Maß,

mit dem Du misst,

wirst auch Du

gemessen werden

(Lukas 6,38b)

19. „Menschen sind oft unberechenbar, unlogisch und egoistisch. Vergib Ihnen einfach!"

(Mutter Theresa)

Sehr oft verhalten sich Menschen nicht so, wie wir es erwarten. Die Erwartungshaltung, die wir an sie haben, wird nicht erfüllt. Enttäuschungen sind die automatische Folge. Daraus entsteht Unvergebenheit und dies ist die Wurzel für Bitterkeit.

Vergebung ist die einzige Möglichkeit, die aus dieser Sackgasse herausführt. Vergebung ist für beide Seiten sehr wichtig. Für den, dem vergeben werden soll und noch wichtiger für den, der vergeben soll. Unvergebenheit ist das „Samenkorn" für Bitterkeit, sich selbst nicht mögen und Depression.

Denken wir einmal darüber nach, wie oft wir schon froh gewesen sind, dass Mitmenschen uns vergeben haben und uns unser Fehlverhalten nicht nachgetragen haben. Nachtragend sein ist eine anstrengende Sache und führt zu Bitterkeit und das ist der Beginn von vielen Krankheiten. Alleine das Wort sagt uns schon, wie dumm wir sind, wenn wir uns so verhalten. Jemandem etwas „nachtragen" ist doch anstrengend, oder? Also, der

Intelligente löst sich von solchen Problemen, vergibt und geht weiter, denn er ist sehr froh, wenn auch ihm vergeben wird. Vergeben heißt vergessen und nicht mehr neu aufwärmen.

Menschen, die gelernt haben schnell zu vergeben, führen ein viel freieres Leben. Sie wissen, dass sie das, was sie gesät haben, auch ernten. Wer vergibt, dem wird vergeben werden nach dem Prinzip von Saat und Ernte. Schon in der Bibel steht: „Mit dem Maß, mit dem Du misst, wirst auch Du gemessen werden!"

Was habe ich für mich erkannt?

_____

_____

_____

_____

Was werde ich auf Grund dessen ändern?

_____

_____

_____

_____

Wenn wir das Beste
aus einem Menschen
herausholen wollen,
müssen wir
das Beste suchen,
das in ihm steckt!

(Karl Pilsl)

20. Das Beste erwarten!

Wir Menschen haben sehr oft eine komische Angewohnheit, wir suchen bei unserem Gegenüber immer die Fehler, was sie falsch gemacht haben.
Die Ursache liegt in unserem eigenen Selbstwert. Weil unser Selbstwert niedrig ist, versuchen wir die anderen auf unser Niveau herunter zu holen. Wir erkennen dabei nicht, dass wir uns damit selbst erniedrigen.

Ab dem Zeitpunkt, wo wir erkennen, dass wir WERTVOLL sind, dass Gott großartige Fähigkeiten und Talente in uns hineingelegt hat und dass wir einzigartig sind, fällt es uns viel leichter, auch anderen Menschen Wertschätzung entgegen zu bringen. Die Frage ist, welchen Wert sehen wir in uns und welchen Wert sehen wir in anderen Menschen?

Seinen eigenen Wert zu erkennen ist die wichtigste Grundlage für ein gesundes SELBSTWERTGEFÜHL. Dadurch lernen wir automatisch, uns auf das Gute in uns und in anderen zu konzentrieren. Auch hier gilt wieder die „Power der Konzentration". Worauf wir uns konzentrieren, das wird in uns wachsen.

Wenn wir uns auf unsere Fähigkeiten und Stärken konzentrieren, werden wir sie entdecken und verstärken. Das gleiche gilt in Bezug auf unsere Mitmenschen. Wenn wir uns auf die Stärken unseres Partners, unserer Kinder, unserer Kollegen und Mitmenschen konzentrieren, wird es uns ganz leicht fallen, ihnen Wertschätzung entgegen zu bringen. Wir beginnen, uns gegenseitig aufzubauen. Wir machen uns gegenseitig unsere Stärken bewusst. Wir fördern unser gegenseitiges Wachstum und steigern das Selbstwertgefühl in uns und in den anderen.

Wenn wir lernen, uns auf die Stärken zu konzentrieren, steigt auch die Wahrscheinlichkeit, dass wir den Platz in unserem Leben, unsere Berufung finden, sehr wesentlich, denn unsere Berufung steht im direkten Zusammenhang mit unseren Stärken.

Je mehr wir unseren Platz einnehmen, ein umso größerer Segen sind wir für unsere Mitmenschen und die Lebensqualität von uns allen beginnt sich zu steigern.

Wenn wir beginnen, uns unsere eigenen Stärken bewusst zu machen und lernen, uns auf die Stärken unserer Mitmenschen zu konzentrieren und uns diese sogar noch aufschreiben, zeigt uns dies eine ganz neue Sicht für unser Umfeld.

Die gegenseitige Wertschätzung wird um ein Vielfaches steigen und wo es eine hohe Wertschätzung gibt, da gibt es auch eine hohe WERTSCHÖPFUNG.

Was habe ich für mich erkannt?

_____

_____

_____

_____

Was werde ich auf Grund dessen ändern?

_____

_____

_____

_____

**Aufrichtige Komplimente
sind immer
ein doppelter Gewinn.
Für den, der sie bekommt
und noch mehr für den,
der sie gibt!**

(Günter Peham)

21. Aufrichtige Komplimente, Lob und Anerkennung!

Es gibt nichts Schöneres, als Menschen zu loben und Komplimente zu verteilen! Alleine die Dankbarkeit, die einem dadurch zu Teil wird, ist ein wunderschönes Geschenk.

Leider haben sich viele Menschen darauf spezialisiert, herauszufinden, was bei anderen nicht gut ist, was andere falsch gemacht haben, fehlerhaft ist, was sie nicht so gut können usw. Das geht los bei den Eltern gegenüber ihren Kindern, in der Schule und später dann am Arbeitsplatz. Manche tun das mit einer Hingabe, wie wenn sie dafür einen Preis erhalten würden. Sie registrieren absolut nicht, dass sie damit nur zerstören, demotivieren und andere frustrieren. Wenn Menschen den Eindruck entwickelt haben, dass sie uns sowieso nichts recht machen können und uns „nicht genügen", dann beginnen sie, sich möglichst von uns zu distanzieren und wir verlieren den Einfluss auf sie. Wenn das dann die eigenen Kinder sind, ist es doppelt schlimm.

Dabei ist es so einfach zu loben. Wir konzentrieren uns darauf, was jemand gut gemacht hat, wo er etwas gut kann oder einfach weil es ihn gibt und loben die Menschen dafür und geben ihnen aufrichtige

Komplimente. Das was dann Retoure kommt, ist ein Vielfaches von dem wert, was wir gegeben haben. Noch dazu entwickeln sich Menschen, die gelobt werden, viel besser und vor allem ihr Selbstwert wird dadurch gesteigert. Denken wir doch einfach an uns selbst, wie wir uns fühlen, wenn wir Lob empfangen haben und Komplimente bekommen haben? Das ist doch wie Dünger für eine Pflanze und fördert unser Wachstum. Also wenn wir wollen, dass die Menschen in unserem Umfeld wachsen und aufblühen, dann müssen wir sie düngen und Ihnen Komplimente und Lob geben. Das hilft dem anderen und steigert unsere Attraktivität und Anziehungskraft sehr wesentlich. Gerade unsere Kinder suchen dann bis ins hohe Alter gerne unsere Nähe.

Versuche einmal, eine ganze Woche niemanden zu kritisieren und bei jeder nur erdenklichen Gelegenheit Komplimente zu verteilen und die Menschen zu loben! Von der Ernte, die wir dadurch erhalten, werden wir alle begeistert sein.

Was habe ich für mich erkannt?

_____

_____

_____

_____

Was werde ich auf Grund dessen ändern?

_____

_____

_____

_____

Dankbarkeit

ist die beste Waffe

gegen

Frust und Depression!

22. Dankbarkeit ist die beste Waffe gegen Frust und Depression!

Viele Menschen konzentrieren sich ständig darauf, was sie nicht haben und sie beschäftigen sich nur mit ihren Schwächen. Sie reden nur über ihre Probleme und die negativen Erlebnisse in ihrem eigenen Leben und dem Leben anderer. Sie konzentrieren sich nur auf die negativen Umstände im Leben. Wenn wir das tun, dürfen wir uns nicht wundern, wenn der Frust in unserem Leben immer größer wird und bei vielen in Depressionen endet.

Dabei gibt es im Leben jedes Menschen so viele gute Dinge, wenn wir bereit sind, danach zu suchen.

Sei dankbar:

- für die wunderbare Schöpfung Gottes

- für Deine Fähigkeiten und Talente und das was Du gut kannst.

- dass Du etwas verändern kannst und auf alle Bereiche Deines Lebens Einfluss nehmen kannst.

- für die tägliche Versorgung und die sogenannten selbstverständlichen Dinge des Lebens (Essen,

Kleidung, Auto, Dach überm Kopf ..usw.)

- für Deine Familie, Eltern, Partner, Kinder.

- dass es Dir viel besser geht, als 90% aller Menschen dieser Welt.

- für Dein irdisches und Dein ewiges Leben.

Suche nach den positiven Dingen in Deinem Leben und sei dankbar dafür. Wer bereit ist zu suchen, findet immer etwas Positives. Daraus kannst Du genug Kraft schöpfen, um andere Bereiche Deines Lebens ins Positive zu verändern.

Wer Dankbar ist, ist voll Freude und wer voll Freude ist, ist begeistert. Dankbare Menschen leben ein Leben der Begeisterung und Freude. Dankbarkeit räumt auch die Umstände weg, weil sie uns auf ein höheres Niveau bringt und wir auf einmal über den Umständen stehen bzw. uns diese ganz klein vorkommen. Auf einmal sehen wir die Probleme, die sich uns in den Weg stellen, als Herausforderungen und wir überwinden sie mit Leichtigkeit.

Sei immer dankbar für das, was Du bereits hast und strebe nach dem, was Du gerne haben möchtest!

Was habe ich für mich erkannt?

_____

_____

_____

_____

Was werde ich auf Grund dessen ändern?

_____

_____

_____

_____

Für jetzt bleiben
Glaube, Hoffnung, Liebe,
diese drei;
doch am größten
unter ihnen
ist die Liebe.

(1. Kor. 13. 13)

23. „Liebe Deinen Nächsten wie Dich selbst!"

ist die größte Herausforderung der Menschheitsgeschichte und im Besonderen in der heutigen Zeit.

Liebe ist ein Thema, das heute meist mit körperlicher Liebe in Verbindung gebracht wird, aber ansonsten kaum noch Platz in unserem Leben und Sprachgebrauch findet. Aus Angst, das könnte einem als Schwäche ausgelegt werden, haben wir das Wort Liebe aus unserem Wortschatz verbannt. Dabei wissen wir, dass es nichts auf der Welt gibt, wonach sich der Mensch mehr sehnt, als nach Liebe.

Die menschliche Liebe ist auf Grund ihrer Natur selbstsüchtig. Diese Liebe erwartet immer eine Gegenleistung. "Wenn Du nicht so bist, wie ich das haben möchte, oder Dich so benimmst, wie ich glaube, dass es richtig ist, kann ich Dich nicht lieben!" Die menschliche Liebe hat immer egoistische, Ich-bezogene Motive. Sie ist abhängig von Umständen, so sehr wir uns auch bemühen. Der eine schafft es, sich etwas mehr zu disziplinieren und dem anderen gelingt es nicht so gut. Diese Liebe will immer besitzen. Sie ist eifersüchtig, herrschsüchtig und sinnt nach Vergeltung und Rache. Diese Sinnesliebe ist es, die Kriege führt, Menschen tötet und verletzt, wenn sie selbst verletzt ist.

Die wahre Liebe kommt aus unserem Geist, aus unserem Innersten, aus unserem „göttlichen" ICH. Diese Liebe gibt und erwartet nichts zurück! Sie liebt die Feinde genauso, wie ihren besten Freund. Diese Liebe ist eine Frucht des Geistes Gottes in uns. Menschen wie Mutter Theresa müssen wohl ein ausgeprägtes Bewusstsein über diese Liebe gehabt haben.

Diese Liebe ist die einzige Lösung für alle Probleme der Menschheit, weil sie nur eine Motivation hat: das Beste für den Nächsten und die gesamte Menschheit. Übrigens, unsere Nächsten leben nicht in Afrika, für die wir hin und wieder etwas spenden, um unser Gewissen zu befriedigen. Unsere Nächsten sind unser Partner, unsere Kinder, unsere Freunde, Nachbarn, Verwandten usw.

Die Liebe bringt Licht in alle dunklen Bereiche unseres Lebens. Dort wo Licht leuchtet, muss die Finsternis weichen. Die Liebe ist das Licht und Licht regiert über die Finsternis. Dort wo Licht aufleuchtet, verschwindet die Finsternis automatisch. Diese Liebe vertreibt auch jede Angst aus unserem Leben.

Diese Liebe ist in jedem vorhanden, wir müssen nur bereit sein danach zu suchen und unser Bewusstsein dafür zu schärfen, dann kommt diese Liebe, die größte Kraft des Universums, auch in uns immer mehr zum Vorschein.
Bei den Hochzeiten wird immer gerne eine Bibelstelle aus dem 1. Korintherbrief Kapitel 13 zitiert. Diese Bibelverse

beschreiben das Thema Liebe wirklich sehr treffend:

Wenn ich in den Sprachen der Menschen und Engel redete, hätte aber die Liebe nicht, wäre ich dröhnendes Erz oder eine lärmende Pauke. Und wenn ich prophetisch reden könnte und alle Geheimnisse wüsste und alle Erkenntnis hätte; wenn ich alle Glaubenskraft besäße und Berge damit versetzen könnte, hätte aber die Liebe nicht, wäre ich nichts. Und wenn ich meine ganze Habe verschenkte und wenn ich meinen Leib dem Feuer übergäbe, hätte aber die Liebe nicht, nützte es mir nichts. Die Liebe ist langmütig, die Liebe ist gütig. Sie ereifert sich nicht, sie prahlt nicht, sie bläht sich nicht auf. Sie handelt nicht ungehörig, sucht nicht ihren Vorteil, lässt sich nicht zum Zorn reizen, trägt das Böse nicht nach. Sie freut sich nicht über das Unrecht, sondern freut sich an der Wahrheit. Sie erträgt alles, glaubt alles, hofft alles, hält allem stand. Die Liebe hört niemals auf. Prophetisches Reden hat ein Ende, Zungenrede verstummt, Erkenntnis vergeht. Denn Stückwerk ist unser Erkennen, Stückwerk unser prophetisches Reden; wenn aber das Vollendete kommt, vergeht alles Stückwerk. Als ich ein Kind war, redete ich wie ein Kind, dachte wie ein Kind und urteilte wie ein Kind. Als ich ein Mann wurde, legte ich ab, was Kind an mir war. Jetzt schauen wir in einen Spiegel und sehen nur rätselhafte Umrisse, dann aber schauen wir von Angesicht zu Angesicht. Jetzt erkenne ich unvollkommen, dann aber werde ich durch und durch erkennen, so wie ich auch durch und durch erkannt worden bin. Für jetzt bleiben Glaube, Hoffnung, Liebe, diese drei; doch am größten unter ihnen ist die Liebe.

Ich denke nun ist klar, warum ich am Beginn von der größten Herausforderung der Menschheitsgeschichte gesprochen habe.

Was habe ich für mich erkannt?

_____

_____

_____

_____

Was werde ich auf Grund dessen ändern?

_____

_____

_____

_____

Berufung:

Das was wir tun
macht uns Spaß!

Es geht uns leicht
von der Hand
und wir würden es
sogar tun, auch wenn
man uns dafür
nichts bezahlen würde.

24. Vom Beruf zur Berufung

Warum diese beiden Begriffe in der heutigen Zeit soweit auseinanderklaffen, kann wohl niemand beantworten, wo sie doch denselben Ursprung haben.

Be-Ruf, für den Ruf!!

Was ist der Ruf in meinem Leben? Ich musste 30 Jahre alt werden, bis jemand mir diese Frage gestellt hat und mir sagte, dass es auch für mich „diesen Platz im Leben", diesen Ruf gibt. Dann dauerte es wiederum einige Zeit, bis ich lernte, diese Stimme zu hören. Mir hat einfach niemand gesagt, dass es das für mich gibt und daher hat mir dafür auch das Bewusstsein gefehlt. Heute bin ich fest davon überzeugt, dass es diesen „RUF", diese Berufung für jeden Menschen gibt. Es muss uns nur wieder bewusst gemacht werden, dann beginnen wir auch automatisch danach zu suchen und wer suchet der findet. Es ist alles bereits in uns vorhanden. Unser Innerstes hört diesen RUF! Jedoch haben wir sehr oft verlernt, auf unser Innerstes zu hören. Wir sind Sklaven unseres Verstandes und der damit verbunden gesellschaftlichen Zwänge geworden.

Ich vergleiche die Gesellschaft gerne mit einem

Orchester. Das Leben ist die Bühne und unsere Aufgabe ist es, herauszufinden wo unser Platz auf der Bühne ist. Zuerst beginnen wir die unterschiedlichsten Instrumente zu spielen, bis wir das gefunden haben, das am besten zu uns passt und uns am leichtesten von der Hand geht. Wir werden nur dann richtig gut spielen, wenn es auch wirklich Spaß macht. So ist es auch im normalen Leben. Wir durchlaufen verschiedene Ausbildungen und probieren so manches aus, bis wir herausgefunden haben, was am besten zu uns passt. Die nächste Frage, die sich dann stellt, wo ist unser Platz im Orchester? Die nächste Herausforderung ist, uns in die Gemeinschaft zu integrieren, um unseren ganz eigenen Platz zu finden. Dies vollzieht sich täglich in der Gesellschaft und in der Wirtschaft. Nur wenn jeder seinen Platz gefunden hat und aufhört, irgendeine Rolle zu spielen sondern seinen Platz voll und ganz einnimmt, funktioniert das Orchester des Lebens.

Viele Menschen haben eine Ausbildung gemacht, einen Beruf erlernt, um einen tollen Job zu bekommen oder Karriere zu machen. Sehr wenige stellen sich dabei die Frage, was wirklich „Der Platz im Leben" für sie ist, was ihre Berufung ist. Solange wir aber nur eine Rolle spielen und unseren Platz, der uns zugedacht ist, nicht einnehmen, ist dies immer mit viel Anstrengung verbunden. Wir versuchen ständig was darzustellen oder jemand zu sein, der wir eigentlich von Natur aus nicht sind. Stress, Depression und vor allem „Burnout" sind die automatische Folge. Eine Rolle, die wir spielen, kann uns jederzeit weggenommen werden. Wenn wir unseren Platz einnehmen, kann uns den nie mehr jemand streitig machen. Wir brauchen ihn auch nicht mehr zu verteidigen. Viele Ängste fallen weg.

Wenn wir aber unseren Platz eingenommen haben und unsere Berufung gefunden haben, bzw. DEM RUF gefolgt sind, brauchen wir nie mehr „arbeiten" zu gehen. Das was wir tun, macht uns Spaß, es geht uns leicht von der Hand und wir würden es sogar tun, auch wenn man uns nichts dafür bezahlen würde. Wenn wir dieses Gefühl haben, dann sind wir angekommen auf dem Platz, der uns vom Schöpfer zugedacht ist.

Stellen wir uns einmal vor, wir würden unseren Kindern schon sagen, dass es diesen Platz für sie gibt. Dass nur sie diesen Platz einnehmen können und dass wir unsere Aufgabe darin sehen, ihnen zu helfen, diesen Platz zu finden. Unsere Kinder würden schon mit dem Bewusstsein aufwachsen, dass es für sie diese Berufung gibt und diese mit Begeisterung anpeilen.

Höre nicht auf, nach DEINEM PLATZ im Leben zu suchen, egal wie alt Du bist. Finde heraus, was am besten zu Deinen Fähigkeiten und Talenten passt, damit diese so richtig zur Entfaltung kommen. Die einzige Möglichkeit, ein wirklich erfolgreiches und erfülltes Leben zu führen, ist dem RUF zu folgen, den Platz einzunehmen, der uns vom Schöpfer zugedacht ist!!

Was habe ich für mich erkannt?

_____

_____

_____

_____

Was werde ich auf Grund dessen ändern?

_____

_____

_____

_____

25. Unsere geistigen Kinder!

Wenn jemand ein Projekt ins Leben gerufen oder eine Idee entwickelt hat, hört man immer wieder den Ausspruch: „Das ist sein Baby!" Also wir bezeichnen die Früchte unserer Kreativität als unser Baby, als unsere geistigen Kinder. Diese sogenannten „geistigen Kinder" gibt es für jeden Menschen. Aus einem Traum wird eine Vision und wenn wir dranbleiben, wird diese Vision Realität.

Am Anfang der biblischen Schöpfungsgeschichte wurden wir zur Fruchtbarkeit aufgefordert. „Seid fruchtbar und vermehret Euch und bevölkert die Erde!", war die Anweisung im ersten Buch Mose. Ich bin überzeugt davon, dass dabei nicht nur unsere fleischlichen Kinder gemeint waren. Wir sollen kreativ sein! Es geht auch um unsere geistigen Kinder! Es geht darum, mit unseren Stärken und Talenten etwas Positives zu schaffen. Als Kinder haben wir viele Träume, die im Laufe der Zeit verloren gehen und uns ausgeredet werden. Es gibt so viele Traumdiebe. Meistens leben sie ganz in unserer Nähe. Es sind unsere gut meinenden Eltern, Verwandten, Lehrer usw., die uns immer wieder sagen „Bleib am Boden!", „Wenn das so einfach wäre, hätten das schon viele gemacht!", „Wie stellst Du Dir das vor, das können wir uns doch nie leisten!" und alle diese „vernünftigen"

Argumente. Ich habe noch nie jemanden sogenannten „Vernünftigen" gesehen, der etwas Großes geleistet hat!

Nur wer bereit ist seine Träume zu realisieren, wird seine Bestimmung finden. Er wird seine geistigen Babys zur Welt bringen. Er wird den Plan, den der Schöpfer für ihn hat, erfüllen. Fang wieder an zu träumen und das schriftlich. So wie ein Architekt den Plan für sein Projekt aufzeichnen muss, damit es Realität werden kann. Schreibe Deine Träume, Deine Vorstellung von Deiner Zukunft auf, auch wenn es am Beginn nur ein paar Zeilen sind.

Bleib dran, bis der „Plan" fertig ist, bis Du Deinen Traum ausformuliert hast. Setze jede Woche mindestens 1-2 Stunden dafür ein.

Was habe ich für mich erkannt?

Was werde ich auf Grund dessen ändern?

Wer eine Vision hat sieht Dinge,

die andere noch nicht sehen!

(Günter Peham)

26. In Deiner Vision liegt Deine Bestimmung!

Eine echte Vision ist für mich immer etwas, was direkt aus dem Herzen, aus unserem Geist kommt und daher eine hohe Authentizität hat. Der Visionär sieht diese Sache als seinen Auftrag und seine Bestimmung. Ansonsten ist es aus meiner Sicht keine echte Vision. Sehr oft holen Unternehmer einen Berater ins Haus und der soll ihnen eine Vision bzw. ein Leitbild für die Firma entwickeln, was ja noch nicht unbedingt verkehrt sein muss. Versteht es dieser Berater, dem Chef die Vision "herauszukitzeln", ist alles Bestens.

Wird aber nur etwas aus dem Verstand heraus entwickelt, um nach außen hin was herzeigen zu können, was aber nicht wirklich dem inneren Verlangen der Unternehmensführung entspricht, wird so ein LeiTbild sehr schnell zum LeiDbild.

Vision kommt aus dem lateinischen und könnte man weitgehend mit "Sicht" übersetzen. Das heißt, derjenige, der eine Vision hat, sieht Dinge, die andere noch nicht sehen. Er versucht in der Formulierung der Vision anderen seine "Sicht" erkennbar zu machen. Je besser ihm das gelingt, umso mehr können alle Beteiligten sehen, wohin die gemeinsame Reise gehen soll und bei jedem, der das attraktiv findet, wird sein inneres „WARUM" beantwortet. Er weiß nun, warum er sich dafür einsetzen soll und auf einmal kommt die Motivation aus ihm selbst und nicht mehr nur von außen, vom Geld oder vom reinen Karrierestreben. So entsteht dann auch eine echte BeGEISTerung für das was wir tun.

Ich bin überzeugt, dass eine Vision zu haben nicht nur für Unternehmer erstrebenswert ist, sondern für jeden Menschen. Für jeden gibt es seine ganz individuelle Vision/Berufung/Bestimmung/Platz im Leben. Es ist auch nicht entscheidend, ob ich nun Unternehmer oder Angestellter bin. Aus meiner Sicht geht es nur darum, ob ich "MEINEN Platz im Leben" eingenommen habe. Dies ist, denke ich, die wirkliche Herausforderung hier auf Erden.

Hier sehe ich eine wichtige Ergänzung zum bestehenden Bildungssystem.

Ich glaube nicht, dass es unsere Aufgabe ist, eine möglichst hohe Position zu erreichen und viel Geld zu verdienen. Ich glaube, dass es darum geht, dass jeder einzelne herausfindet, wo er mit seinen Talenten und Fähigkeiten der größte SEGEN für andere Menschen ist. Gott hat für jeden von uns einen Plan. Wir müssen nur bereit sein, diesen anzunehmen oder wir haben unsere eigene Philosophie. Aber dann tragen auch wir dafür die Verantwortung und können dann nicht hergehen und in Notsituationen unserem Schöpfer die Schuld in die Schuhe schieben, wie das so viele gerne tun. Wirkliche BeGEISTerung kommt aus dem Geist, aus unserem Innersten, aus echtem Glücklichsein. Dies sind wir dann, wenn wir andere Menschen glücklich gemacht haben. Was der Mensch sät wird er auch ernten! BeGEISTerung kommt nicht aus egoistischen Motiven. Das bringt maximal kurzfristige Genugtuung. Darum wird es dann auch nie genug. „Immer mehr wollen" ist die Folge und das produziert Unzufriedenheit.

Das Lebensglück aus meiner Sicht liegt im „Angekommen sein!" und nicht im „Mehr haben wollen!" Wenn der Mensch spürt: „Das ist mein Platz hier fühle ich mich wohl, da bin ich ein Segen für viele Menschen!", dann gibt es echte BeGEISTerung und Dankbarkeit. Ich glaube, dass wir nur in der Gemeinschaft wirklich funktionieren und glücklich sind.
Jeder von uns ist Teil eines Ganzen, wo ihm ein Platz zugedacht ist. Jeder von uns entscheidet selbst, ob er diesen einnehmen will oder nicht. Ich stelle mir das immer so vor, wie die Zellen in meinem Körper. Wenn eine Zelle verrückt spielt, kann sie meinem ganzen Körper schaden. Eine kranke Zelle, die sich vermehrt, löst in unserem Körper Krankheit aus. So entsteht z.B. Krebs. In unserer Wirtschaft und Gesellschaft gibt es scheinbar zurzeit sehr viele Zellen, die krank sind und sich vermehren und ihre eigene Philosophie haben, denn sonst gäbe es nicht so viele negative Auswirkungen. Man könnte auch sagen, der Organismus Menschheit ist erkrankt.

Es ist aus meiner Sicht unsere wichtigste Verantwortung und Hauptaufgabe hier auf Erden, herauszufinden, wo unser Platz ist und wie wir dort mit unseren Gott gegebenen Gaben viel Gutes bewirken können. In der Bibel steht schon „Wer suchet der findet!" und so sehe ich das auch in Bezug auf unsere Berufung. Entscheide Dich, den Platz in Deinem Leben zu finden und begib Dich auf die Suche. „Wer bittet der wird empfangen", können wir auch in der Bibel nachlesen.

Also wenn wir Gott darum bitten, dass er uns seinen Plan für unser Leben offenbart, wird er es auch tun. Denn niemand ist so sehr daran interessiert, dass wir diesen Platz einnehmen, als er selbst.

Ich bin überzeugt, weil ich es selbst erlebt habe, wenn wir unseren Vater, unseren Schöpfer bitten, dass er uns zeigt, was unser Platz im Leben ist, was unsere Bestimmung ist, dann tut er das auch. Er offenbart uns seinen Plan für unser Leben Schritt für Schritt, wenn wir das wollen. Er würde nie unseren freien Willen übergehen, weil er uns liebt.

27. Die Zukunft gemeinsam gestalten!

Die Basis, das Fundament in unserem Leben sind unsere Einstellung, unsere Werte und unser Bewusstsein. Was haben wir sozusagen als „Wahrheit" für uns und unser Leben erkannt und abgespeichert. Ich musste für mein Leben erkennen, dass da sehr viele Lügen dabei waren. Schritt für Schritt habe ich dann begonnen, mich selbst „neu zu programmieren".

Ich habe die Informationsaufnahme verändert und teilweise auch die Menschen, mit denen ich mich umgeben habe. Ich habe immer mehr begriffen, dass ich weit mehr Einfluss auf mein Leben habe, als ich immer glaubte. Das brachte aber auch die Tatsache mit sich, dass ich immer mehr und mehr erkannt habe, dass ich selbst auch dafür verantwortlich bin. Dass ich es bin, der entscheiden kann, wem ich zuhöre, was ich lese, welche Fernsehsendungen ich mir reinziehe, was ich beim Autofahren höre und ich daher einen sehr großen Einfluss auf mein Leben ausüben kann. Dies zeigte mir, dass ich, wenn ich bereit bin für mein Leben Verantwortung zu übernehmen, immer unabhängiger werde. Dass Verantwortung und Freiheit sehr eng miteinander verbunden sind, denn wenn ich Verantwortung delegiere, delegiere ich automatisch einen Teil meines Lebens an andere und bin dann von denen abhängig. Freiheit können wir nur erlangen, wenn wir erkennen, dass wir zu 100% für unser Leben verantwortlich sind und das ist das tolle an unserem Leben: wir können frei entscheiden. Im Johannesevangelium steht im Kapitel acht: „Die erkannte Wahrheit macht uns frei". Also was ist die Wahrheit über Dich, die Schöpfung und über Gott als Dein Schöpfer und Vater?

Ich musste auch erkennen, dass alles seine Zeit braucht. Es funktioniert nicht ganz so wie beim Computer, dass wir die Festplatte löschen und neu programmieren. Bei uns Menschen ist dies ein Prozess, den wir durch die Intensität der Informationsaufnahme beschleunigen oder verlangsamen können, der aber einfach seine Zeit in Anspruch nimmt und auch etwas Geduld erfordert. Also sei auch mit Dir geduldig, denn diese Veränderung ist ein lebenslanger Prozess. Wir dürfen jeden Tag dazulernen und uns weiterentwickeln und das wünsche ich jedem einzelnen.

"Weisheit ist zu denken, zu sprechen und zu handeln, wie Gott unser Vater es tun würde!"

Wir können unsere Zukunft selbst gestalten, wenn wir bereit sind umzudenken. Alles beginnt im Denken. Welche Einstellung haben wir zum Leben, zu uns selbst, zu unserem Umfeld. Womit habe ich mein Bewusstsein „programmiert", ist die entscheidende Frage.

Unser Denken wird irgendwann zu unserem Sprechen und das wird dann zur Handlung. DENKEN – SPRECHEN – HANDELN.

SAAT und ERNTE, URSACHE und WIRKUNG, wie immer wir das auch nennen. Dies sind unumstößliche Gesetzmäßigkeiten, derer sich niemand entziehen kann. Es liegt an uns selbst, ob und wie wir uns dieses Schöpfungsprinzip zunutze machen und unser Leben damit positiv beeinflussen und gestalten.

**Keine Zukunft
vermag
gut zu machen,
was wir in der Gegenwart
versäumt haben!**

(Albert Schweitzer)

28. Keine Zukunft vermag gut zu machen, was wir in der Gegenwart versäumt haben!

(Albert Schweitzer)

Lebe im HEUTE!

Viele Menschen leben ständig in der Vergangenheit. Sie sprechen immer über das, was gewesen ist. Sie besprechen die Probleme der Vergangenheit und machen sich Sorgen über Dinge, die schon längst geschehen sind. Als wenn wir an der Vergangenheit noch was ändern könnten. Die Vergangenheit heißt ja deswegen Vergangenheit, weil sie schon vergangen ist. Das ist alles schon gewesen und wir können auch nichts mehr daran ändern. Das einzige was Sinn macht an der Vergangenheit ist, dass wir daraus lernen. Ansonsten vergessen wir einfach, was hinter uns liegt und konzentrieren uns auf das Heute.

Dann gibt es welche, die sprechen nur über die Zukunft und über ihre Träume. Ich bin auch gerne ein „Träumer" und „visioniere" für mein Leben gern. Wichtig ist jedoch, dass wir aus diesen Träumen eine klare Vision formulieren, davon Ziele ableiten und dem Ganzen auch Taten folgen.

Wir leben im Jetzt, in der Gegenwart. Nichts ist so wichtig wie die Tat von heute. Lerne, Dich auf das HEUTE zu konzentrieren und lebe darin. Stell Dir jeden Tag die Frage, „Was muss ich HEUTE tun, damit meine Träume, meine Vision und meine Ziele Realität werden?". Unser Traum und unsere Vision geben der Tat von heute einen Sinn und daher ist es sehr wichtig, sich damit zu beschäftigen, Sie sind die Antwort auf unser WARUM!

Es ist immer die Tat von HEUTE, die uns unserer Vision einen Schritt näher bringt!

Was habe ich für mich erkannt?

_____

_____

_____

_____

Was werde ich auf Grund dessen ändern?

_____

_____

_____

_____

Der Mensch

ist Geist,

hat eine Seele

und lebt

in einem Körper

29. Spiritualität ist lebensnotwendig

Spiritualität hat die Fähigkeit, die Not im Leben zu wenden!

Dieses Thema ist so bedeutend, dass es einer SEHR hohen Aufmerksamkeit bedarf, die wir leider immer wieder unterschätzen. Die Menschheit ringt nach Lösungen für die Herausforderungen der heutigen Zeit. Jedoch sollten wir nicht nur an den Symptomen herumkurieren, sondern die Sache bei der Wurzel packen.

Oft fragen wir uns, warum Menschen in Situationen, die wir als Armut, Mangel oder notdürftig bezeichnen würden, um so viel glücklicher und zufriedener sind, als wir in der sogenannten Wohlstandsgesellschaft. Sehr stark stellen wir das bei Naturvölkern und bei den unterschiedlichen Glaubensbewegungen fest. Dieses Phänomen finden wir überall dort, wo es noch eine echte gelebte Spiritualität gibt. Was haben die, was wir scheinbar nicht haben?

Der Mensch ist Geist, hat eine Seele und lebt in einem Körper. Alle drei Bereiche unseres Seins wollen gut genährt sein. Ganzheitliche Ernährung beinhaltet für mich Körper, Seele und Geist. Essen für den Körper, Wissen für die Seele, Liebe und bewusst SEIN für den

Geist sind die jeweiligen Nährstoffe. Sobald ein Teil vernachlässigt wird und zu wenig Vitalstoffe erhält, gibt es Mangelerscheinungen, die gestillt werden wollen.

Betrachten wir diese Sache in Bezug auf unseren Körper. Solange wir ihn entsprechend mit LEBENSmittel und ausreichend Vitalstoffen versorgen, ist er quicklebendig. Fehlt es ihm aber an der richtigen Versorgung, kann unser Körper einen gewissen Zeitraum mit Reserven überbrücken, aber dann beginnt er nach Befriedigung zu schreien. Diesen Symptomen begegnen dann viele mit Ersatzbefriedigungen. Der Körper ist dadurch zwar momentan zufrieden gestellt, aber das Problem wird eigentlich größer, da der Mangel an LEBENSmittel bzw. Vitalstoffen ja steigt. Wenn wir unseren Körper jedoch gut versorgen und uns auch noch ausreichend bewegen, strotzen sie vor Kraft und Vitalität. Wir sind viel belastbarer und haben viel mehr Energie.

So wie in Bezug auf unseren Körper ist es auch in Bezug auf unseren Geist. Wenn wir ihn gut versorgen ist er rege und belastbar und wenn wir ihn schlecht und mangelhaft ernähren, bekommt er Mangelerscheinungen. Unser Geist ist eigentlich unser wahres ICH und genau diesen Bereich haben wir in den letzten Jahrzehnten, ja vielleicht sogar Jahrhunderten, am meisten vernachlässigt. Das, was eigentlich das Wichtigste wäre, haben wir fast vergessen. Unsere Identität kommt einzig durch unseren Geist und unser Bewusstsein zum Ausdruck. Ohne Spiritualität verkümmern wir, sie ist lebensnotwendig. Sie ist es auch, die die Not in unserem Leben wenden kann.

Menschen, die ihren Geist nicht ernähren, bekommen Mangelerscheinungen, die nach Befriedigung schreien. In unserem Innersten entsteht ein Vakuum, das gefüllt werden möchte. Dieses Verlangen versuchen wir dann sehr oft in unserem Äußeren zu stillen, sei es in der Partnerschaft, im Extremsport, mit Suchtgiften, durch Habgier, Geltungsdrang und verschiedensten anderen Ersatzbefriedigungen. Dies verursacht die vielen "Krankheiten" bzw. Probleme in der Psyche einzelner Personen, in unseren Familien, in der Gesellschaft, in der Wirtschaft und in der Politik.

Menschen, die Ihren Geist gut ernähren, strotzen vor Lebenslust, Freude, Ruhe, Frieden, Geduld, Besonnenheit, Weisheit, Zufriedenheit, Selbstbewusstsein usw. Solche Menschen haben eine gute Ausstrahlung und sind ausgeglichen, sie sind starke Persönlichkeiten, sie haben dauerhafte Beziehungen, weil sie gelernt haben zu geben und zu investieren, sie denken in Allgemeinwohl und nicht egoistisch, sie wissen wer sie sind und brauchen sich selbst und anderen nichts mehr zu beweisen.

In Wahrheit sind alle diese Dinge die Folge einer guten Ernährung unseres Geistes. Die Hauptnahrung für unseren Geist ist LIEBE. Wenn es daran mangelt, gibt es nichts, wodurch sie ersetzt werden könnte. Ernährung ist entweder das Problem oder die Lösung. Ernährung wirkt nicht wie ein Medikament, es ist immer ein Prozess bis sie wirkt. Aber der Mensch ist was er isst und das körperlich, seelisch und geistlich. Jede Information, die wir aufnehmen, ist Nahrung für unsere Seele und alles was unser Herz berührt, ist Nahrung für unseren Geist. Alles was unser Herz berührt, also Emotionen auslöst, hat Einfluss auf unseren Geist. Die geistige Nahrungsaufnahme erfolgt über alle unsere Sinne und alles was diese WAHRnehmen, beeinflusst unser Bewusstsein. Information ist nie neutral!

- Ernähren wir unseren Geist mit Ängsten, Befürchtungen, Sorgen, Problemen und Horrorszenarien oder mit Liebe, Freude, Friede, Lösungen und mit tollen Träumen und Visionen? Wachsen wird das, worauf wir unsere geistige Energie richten.

- Ein wohl genährter Geist sucht nicht nach Selbstbewusstsein, er ist sich seiner Werte bewusst.

- Ein wohl genährter Geist sucht nicht nach Freiheit, er weiß, dass er frei ist.

- Ein wohl genährter Geist sucht nicht nach Liebe, er weiß, dass er von Gott geliebt ist und diese Liebe durch ihn zu den anderen Menschen fließt.

- Ein wohl genährter Geist sucht nicht nach Frieden, er hat Frieden mit SICH selbst, der Schöpfung und dem Schöpfer.

- Ein wohl genährter Geist sucht nicht nach Wahrheit, er weiß, dass der, der in ihm lebt, die Wahrheit ist.

- Ein wohl genährter Geist sucht nicht nach Reichtum, er weiß, dass der ganze Reichtum bereits ihn ihm ist.

- Ein wohl genährter Geist sucht nicht den Vergleich mit anderen, er weiß, dass er einzigartig ist und lebt in Synergie und Harmonie mit seinem Umfeld.

- Ein wohl genährter Geist sucht nicht nach Karriere und Position, er kennt seinen Platz im Leben und seine Berufung.

- Ein wohl genährter Geist sucht nicht nach Überfluss, er fließt selbst über.

- Ein wohl genährter Geist strebt nicht nach Macht, er weiß, dass der Allmächtige in ihm wohnt.

- Ein wohl genährter Geist schaut nicht auf das was er sieht, er vertraut auf das was er glaubt.

- Ein wohl genährter Geist sucht nicht nach Geborgenheit, er weiß, dass er in Gott geborgen ist.

- Ein wohl genährter Geist sucht nicht nach Bestätigung, er weiß, dass er wertvoll ist.

- Ein wohl genährter Geist sucht die Lösungen

nicht im Außen, er weiß, dass sie in ihm sind.

- Ein wohl genährter Geist ist voll der Früchte des Geistes und diese sind Liebe, Freude, Friede, Langmut, Freundlichkeit, Güte, Treue, Sanftmut und Selbstbeherrschung.

Die beste und wichtigste Nahrung für unseren Geist ist Liebe! Diese wird sichtbar durch Beachtung, Wertschätzung, Lob, Zuhören, Zuwendung, Respekt, Mitgefühl und allem, was unserem Herzen entspringt. Jedoch können wir nur geben, was wir selbst (erfahren) haben. Daher sollten wir dort hingehen, wo wir zuerst das bekommen, was wir gerne geben möchten.

„Gott ist die Liebe und wo die Liebe vollkommen ist, da gibt es keine Furcht.", steht im 1. Johannesbrief Kapitel vier geschrieben. Gott ist die Quelle aller Liebe, sei intelligent und demütig und geh doch direkt zur Quelle. Wenn Dein Körper Durst hat, gehst Du ja auch zur Quelle, bzw. zum Wasser und dasselbe Prinzip funktioniert im geistlichen Bereich. Gib Gott eine Chance, Deinen Geist mit Liebe zu erfüllen, indem Du ihn einlädst. Er würde Deinen freien Willen nie übergehen und Dich sozusagen gewaltsam mit Liebe erfüllen. Er ist ein Gentleman und wartet höflich auf Deine Einladung, dass Du ihn bittest, dass er Dich mit seinem Geist, also mit der Liebe, erfüllen soll und darf. Du kannst eigentlich nur gewinnen. Er wird Stück für Stück dieses Vakuum in Deinem Innersten füllen.

30. Inspiration und Ermutigung

Wenn Dich die Inhalte dieses Buches inspiriert haben, freut es mich sehr. Wenn sie bei Dir Handlungen ausgelöst haben, bin ich begeistert und habe mein wichtigstes Ziel erreicht!

Ich sehe in diesem Buch einen Beitrag, um eine Wertebewegung in Gang zu setzen, die eine Neue Wertekultur hervorbringt. Gott sei Dank gibt es mittlerweile viele Bestrebungen in diese Richtung. Ich hoffe, dass sich diese immer mehr zu einer gemeinsamen Bewegung bündeln werden, denn dadurch potenziert sich die Wirkung erst so richtig.

Dieses Buch soll vor allem für jene eine Ermutigung sein, die bisher der Meinung waren, dass es kaum Menschen gibt, die so denken und an eine positive Zukunft glauben. Geh voran und lass Dir ja Deine positive Sicht nicht nehmen. Geh auf die Suche nach Gleichgesinnten. Wenn wir einander fordern und uns fördern, werden wir viel mehr erreichen, denn das ist der Wille unseres Schöpfers, dass wir es gemeinsam und in Einheit tun.

Nicht umsonst lesen wir in der Bibel vom „Leib Christi" und dass wir als Gemeinschaft ihn in seiner Herrlichkeit darstellen sollen. Er ist das Haupt und wir sind sein Leib. Jeder, der sich bewusst für Ihn entscheidet, ist Teil seines Leibes und dadurch geführt und geleitet durch Ihn bzw. seinem göttlichen Geist.

Wie bereits vorne erwähnt, besteht die „Neue Wertekultur" darin, dass die Berufenen auf ihren Platz kommen, die Verantwortung dafür wahrnehmen und ihre Bestimmung in einem neuen MITeinander ausleben. Dadurch wird der Plan Gottes für die Menschheit immer mehr Realität und neue Formen des Zusammenlebens werden entstehen.

Die Fähigkeit, göttliche Liebe und die göttliche Ordnung zu leben, wird dadurch stark zunehmen. Damit dies entstehen kann, braucht es Menschen, die sich bewusst für Ihn und den Auftrag, den er ihnen gegeben hat, entscheiden.

In **wertevolleben** geben wir Menschen die Möglichkeit, sich bewusst mit diesen Themen zu beschäftigen und sich aktiv mit den eigenen Potenzialen einzubringen, um damit einen wert(e)vollen Beitrag zur Entfaltung der Neuen Wertekultur zu leisten.

Weitere Informationen dazu findest Du unter:

www.wertevollleben.com

Lieber Leser, ich danke Dir, daß Du mich ein Stück weit begleitet hast und wünsche Dir ein wertevolles Leben.

Dein

Günter Peham